HOUGHTON MIFFLIN
Lectura

Tesoros

Autores principales
Principal Authors
Dolores Beltrán
Gilbert G. García

Autores de consulta
Consulting Authors
J. David Cooper
John J. Pikulski
Sheila W. Valencia

Asesores
Consultants
Yanitzia Canetti
Claude N. Goldenberg
Concepción D. Guerra

HOUGHTON MIFFLIN
Lectura
Herencia y futuro

 HOUGHTON MIFFLIN   BOSTON

Front cover and title page photography by Tony Scarpetta.

Front and back cover illustrations by David McPhail.

Acknowledgments begin on page 232.

Printed in the U.S.A.

ISBN: 0-618-18019-2

56789-VH-11 10 09 08 07 06 05

Todo tiene solución   12

Biblioteca fonética:
Una estupenda idea
Los deseos de Andrea
Noel y Papá se van de paseo

relato
fantástico

Recursos adicionales

Superlibro

¡No Tito, No!
*escrito por
Claire Masurel
ilustrado por
Shari Halpern*

¡Adelante!
Libros de práctica

Brenda practica fútbol
por Sonia Ramos

Galilea en la escuela
por Kate McGovern

¿Qué puedo hacer?
por Ryan Fadus

Libros del tema

Perro y gato
*por Ricardo Alcántara
ilustrado por Gusti*

La familia Numerozzi
*Texto e ilustraciones por
Fernando Krahn*

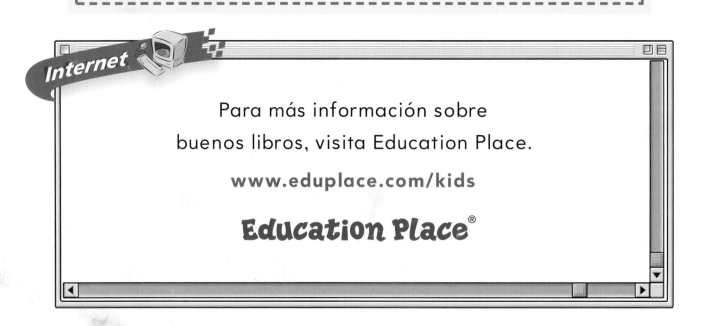

Internet

Para más información sobre
buenos libros, visita Education Place.

www.eduplace.com/kids

Education Place®

Teatro

NUESTRO PLANETA 130

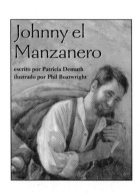

Tomar pruebas

Biblioteca fonética:
Espectáculo de animales
Carta a mi amigo Luis
Todo tiene solución

Recursos adicionales

Superlibro

En alguna parte del mundo ahorita
escrito e ilustrado por Stacey Schuett

¡Adelante! Libros de práctica

El truco de Cuervo
por Kathryn E. Lewis

Todo acerca del tiempo
por Melissa Fredrick

De paseo por la playa
por Ann Takman

Libros del tema

El huerto
por Isidro Sánchez y Carme Peris

El sistema solar
por Miquel Pérez ilustrado por María Rius

Para más información sobre
buenos libros, visita Education Place.

www.eduplace.com/kids

Education Place®

Todo tiene solución

Yo te presto

Yo te presto, tú me prestas,

¡qué bonito es compartir!

pues si todos nos prestamos

mucho tendremos al fin.

**del poema por
Alicia María Uzcanga Lavalle**

¡Este sapo
es mío!
por Barbara Shook Hazen
ilustraciones de Jane Manning

¡Este sapo es mío!

Estándares

Lectura

- Leer palabras comunes
- Recontar ideas centrales
- Elementos/ estructura de un cuento

Nuestro sapo mascota

El cuento que leerás a continuación se trata de dos niños que lo comparten todo, hasta que un día encuentran un sapo.

Palabras importantes

decir   brincón
juntos   hablar
nos   libros
nuestra   prendas
también

Oraciones de práctica

1. Nos queremos llevar a nuestra nueva mascota a casa.

2. Así podremos disfrutar juntos del sapo brincón.

3. También llevamos al sapo a la escuela.

4. Todos nos querían hablar del sapo y no sabíamos qué decir.

5. Al sapo le gusta descansar sobre una pila de libros.

6. A veces se esconde entre las prendas de vestir.

Conozcamos a la autora y a la ilustradora

Barbara Shook Hazen siempre quiso ser escritora. Algunas de sus actividades favoritas son nadar, viajar y comer pizza.

Jane Manning vive en Connecticut con su perro Pumpkin. A ella le gusta dibujar a niños aprendiendo cosas nuevas.

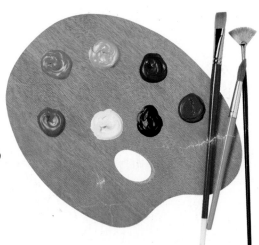

Internet

Para saber más acerca de Barbara Shook Hazen y Jane Manning, visita Education Place.

www.eduplace.com/kids

¡Este sapo es mío!

por Barbara Shook Hazen
ilustraciones de Jane Manning

Estrategia clave

En voz alta Al leer sobre los dos niños del cuento, haz pausas y piensa en las cosas que hacen juntos.

A Pablo y a mí nos gusta compartir
juegos divertidos y prendas de vestir.

Compartimos libros y bicicletas,
creyones, yoyos y patinetas.

21

Compartimos los carritos durante los juegos.
También compartimos nuestros caramelos.

Cuando queda uno, hay que dividir,
y de esta manera poder compartir.

Pero un día encontramos a un sapo perdido
sentado en el pasto al borde de un camino.

Sin decir palabra, pensamos qué haremos
para compartir al sapo que vemos.

El sapo brincón nos ha dado un problema.
¿Cómo resolver este raro dilema?

—Me llevaré el sapo y jugará conmigo.
—¿Y yo? —dijo Pablo—. Yo también soy su amigo.

—Espera un momento.
Creo tener la solución:
un día lo tienes tú
y otro día lo tengo yo.

Pablo contestó: —De eso ni hablar.
El sapo saltarín no se debe mudar.

29

Ahora estoy enojado con Pablo.
Él no habla conmigo y yo tampoco le hablo.

El sapo saltarín la situación aprovechó
y brincando sin parar por el camino se marchó.

—Es tu culpa —dijo Pablo.
—No es cierto —contesté.
—Es por tu culpa
que el sapo se fue.

Pateo una piedra y le digo después:
—¡Me voy a mi casa, no te quiero ver!

Luego Pablo me mira y se acerca,
y, sin preguntarme, patea la piedra.

—Es mi turno —le digo a Pablo,
y la piedra pateo a otro lado.

Él patea la piedra y yo pateo más.
Olvidamos el enojo y lo dejamos atrás.

Y pateando vamos por el camino.
¡Pablo y yo volvemos a ser amigos!

En voz alta

¡Este sapo
es mío!
por Barbara Shook Hazen
ilustraciones de Jane Manning

Piensa en el cuento

1. ¿Cómo sabes que los niños son amigos?

2. ¿Qué crees que harán los niños la próxima vez que encuentren algo que ambos quieran?

3. ¿Cómo resolverías el problema del cuento?

Internet

Haz una reseña en Internet

Cuéntales a los demás lo que piensas de *¡Este sapo es mío!* Escribe una reseña en Education Place.

www.eduplace.com/kids

Escuchar y hablar

Resolver problemas

¿Crees que los niños hubieran podido resolver el problema de otra manera? Con la ayuda de un compañero, representen una solución. Tomen turnos para hablar y escuchar con atención.

Crear

Escribir un cartel

Haz un cartel para una mascota perdida. Haz un dibujo y escribe una descripción de la mascota. Cuelga tu cartel.

Consejos

- **Escribe una lista de oraciones.**
- **Usa palabras que describen.**

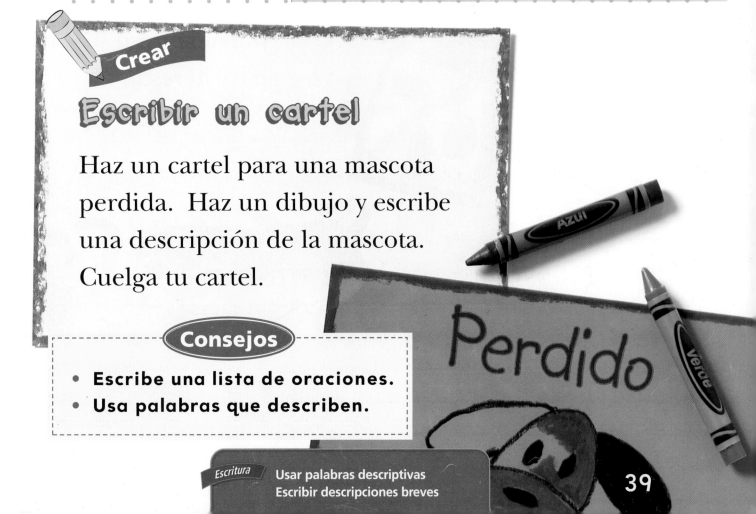

Destreza: Cómo leer un poema

- **Lee** el poema en voz alta.

- **Fíjate** en las palabras que riman.

- **Piensa** en lo que el poema te hace sentir.

En voz alta

Estándares

Lectura

- **Recontar ideas centrales**

Escuchar/Hablar

- **Recitar poemas**

Comelones

Dulce de mora
para Eleonora.

Pudín de pan
para Julián.

Queso y jamón
para Ramón.

Jalea de fresa
para Teresa.

40

Turrón de miel
para Miguel.

Dulce melón
para Gastón.

Y un tarro de maní,
¡sólo para ti!

por Lara Ríos

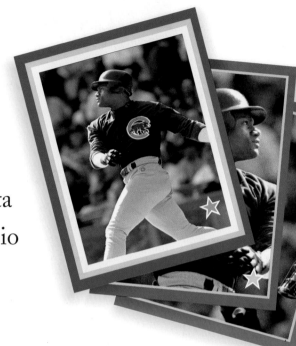

Cuento

En un cuento, el escritor inventa lo que pasa. Al escribir tu propio cuento, usa la muestra de este estudiante.

A veces un buen **título** dice quién es el personaje principal.

Un buen **comienzo** establece el ambiente.

La decisión de Ricardo

Ricardo tenía un problema. Juan quería que Ricardo fuera a su casa el domingo. Ricardo le dijo a Juan: —Quiero ir a tu casa el domingo, pero le prometí a mi familia que iría con ellos a buscar tarjetas de béisbol nuevas.

Lectura Elementos/estructura de un cuento
Escritura Escribir narraciones nuevas

42

Juan dijo: —Piensa en lo que quieres hacer y después me avisas.

Ricardo no sabía qué hacer, así que habló con su papá y su mamá. Ellos le dijeron: —Ve primero a casa de Juan. A las dos de la tarde, iremos a buscar las tarjetas de béisbol.

Ricardo llamó a Juan y le contó el nuevo plan. El problema estaba solucionado.

El **diálogo** da vida al personaje.

El **medio** cuenta lo que ocurre.

El **final** cierra el cuento.

Conozcamos al autor

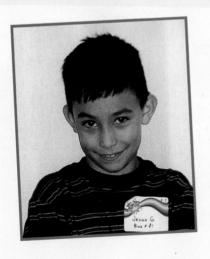

Jesús G.

Grado: primero

Estado: Michigan

Pasatiempos: béisbol, fútbol, coleccionar tarjetas

Qué quiere ser cuando sea mayor: jugador de béisbol

En voz alta

¡Perdido!
por David McPhail

¡Perdido!

Estándares

Lectura

- Combinar sonidos para leer palabras
- Identificar secuencia/orden lógico

Un libro sobre osos

En el siguiente cuento, lee para averiguar lo que le pasa a un oso que se pierde en la ciudad.

Palabras importantes

alguien	creo
desde	paseamos
gracias	paseo
hasta	preocupes
nunca	veo

Oraciones de práctica

1. ¿Alguien quiere ir de paseo al parque?

2. Siempre paseamos hasta donde están los osos.

3. Gracias por la invitación.

4. Creo que nunca he visto a los osos de ese parque.

5. Está un poco lejos para ir a pie desde aquí.

6. Desde aquí los veo, así que no te preocupes.

45

Conozcamos al autor e ilustrador

David McPhail estudió arte en la escuela. Su consejo para los niños que quieren ser artistas es: "Dibujen, dibujen, dibujen". También dice: "Comparte con los demás lo que sabes hacer mejor".

Internet

Para saber más acerca de David McPhail, visita Education Place.

www.eduplace.com/kids

¡Perdido!

por David McPhail

Estrategia clave

En voz alta   Al leer, asegúrate de que entiendas lo que ocurre en el cuento.

Un día estaba de paseo por la ciudad cuando
oí a alguien llorando.

¡Es un oso!

Parece perdido y asustado.

Los edificios altos le dan miedo.

Y nunca antes ha visto a tantas personas.

—No te preocupes —le digo—.
Los edificios altos no te harán daño
y la mayoría de las personas son amigables.

—¿Cómo llegaste aquí? —le pregunté.

—Me subí al camión para dormir la siesta

—me explica—, y al despertarme estaba *perdido*.

—Yo te ayudaré. Dime dónde vives.

—Hay árboles donde vivo —me dice.
Así que buscamos árboles.

—Más árboles —dice—, y agua.

Lo llevo a un sitio donde hay más árboles
y también hay agua.

—No —me dice—. Tampoco es aquí.

Tengo una idea.

—¡Sígueme! —le digo.

Lo llevo a un edificio muy alto.

Entramos al edificio y subimos en el ascensor
hasta el último piso.

Desde aquí veo toda la ciudad.

—¡Mira! —le digo—. Ahora podemos
encontrar tu casa.

—¡Allí está! —me dice señalando el lugar.

Así que bajamos, cruzamos tres calles
y entramos al parque.

Pero el parque tampoco es la casa del oso,
aunque le gustó mucho estar allí.
Paseamos en bote,

almorzamos...

...y jugamos en el patio de recreo.

La estamos pasando muy bien.

Pero se hace tarde y el oso aún está perdido.

—Vamos a buscar en la biblioteca —le digo—.
Allí se averigua todo.

Dentro de la biblioteca buscamos en muchos libros.

El oso descubre una foto que se parece a su casa. Encontramos el lugar en un mapa y salimos rápidamente.

Un autobús está a punto de partir.
Nos subimos al autobús y avanzamos durante
mucho tiempo.

Por fin estamos aquí.

—¡*Aquí* es donde vivo! —dice el oso.
Me da un abrazo y vuelve a darme las
gracias por ayudarlo.
Luego se despide con la mano y
desaparece en el bosque.

Los árboles son muy altos y no hay ni una persona.

—¡Espérate! —le grito al oso—. ¡Regresa!

—Creo que estoy perdido —le digo.

—No te preocupes —me dice—.
Yo te ayudaré.

¡Perdido!
por David McPhail

Piensa en el cuento

1. ¿De qué otra manera podía el niño ayudar al oso?

2. ¿Crees que el niño supo regresar a su casa?

3. ¿Qué harías tú si te perdieras?

Internet

Excursión en Internet

Visita Education Place y explora la ciudad en la que se pierde el oso.

www.eduplace.com/kids

Lectura   Aplicar conocimientos previos

Mural del campo y la ciudad

Compara la casa del niño en la ciudad con la casa del oso en el campo. Luego, haz un mural en grupo. Dibuja y rotula las cosas de cada sitio.

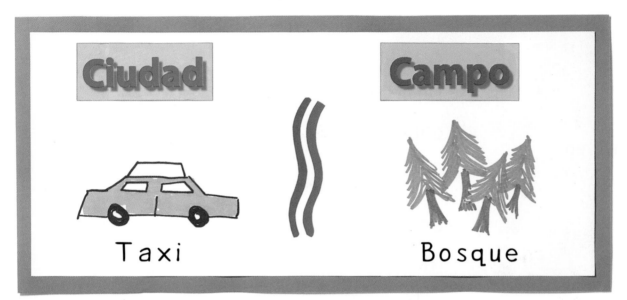

Expresar

Escribe una nota en un diario

¿Cómo te sentirías si estuvieras perdido? Escribe algunas oraciones sobre eso en tu diario.

Consejos

- Haz una lista de tus ideas usando una red de palabras.
- Usa palabras que describen.

Estudios sociales **Elementos y ambiente**
Escritura **Usar palabras descriptivas**

71

Destreza: Cómo leer un diagrama

- **Lee** el título del diagrama.

- **Observa** los rótulos. Los rótulos nombran distintas partes.

- **Piensa** en lo que hace cada parte.

En voz alta

Estándares

Escuchar/Hablar

- Escuchar con atención

Lectura

- Aplicar conocimientos previos

En movimiento

por Henry Pluckrose

MACHINES AT WORK
On the Move
Henry Pluckrose

Las máquinas permiten que la gente viaje rápidamente y lleve cargas pesadas.

Un **transbordador espacial** es una máquina que lleva astronautas al espacio.

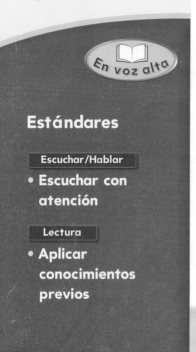

Bicicleta

cadena

manubrio

pedal

llanta

Una **bicicleta** es una máquina. Mientras más rápido pedalees, más rápido avanzarás.

Los **aviones** son máquinas que vuelan.
Hay aviones tan grandes que pueden
llevar a más de 300 pasajeros.

Los **trenes** viajan sobre rieles
especialmente construidos.

Avión

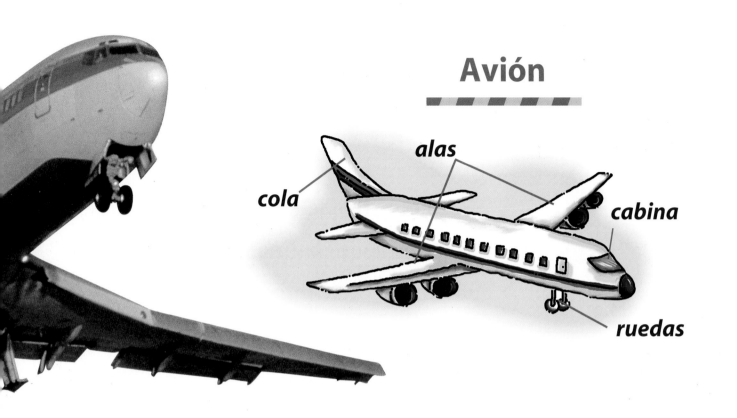

cola

alas

cabina

ruedas

¡Señales, señales!

Mira las señales. ¿Dónde verías señales así?

¿Qué te dicen las señales?

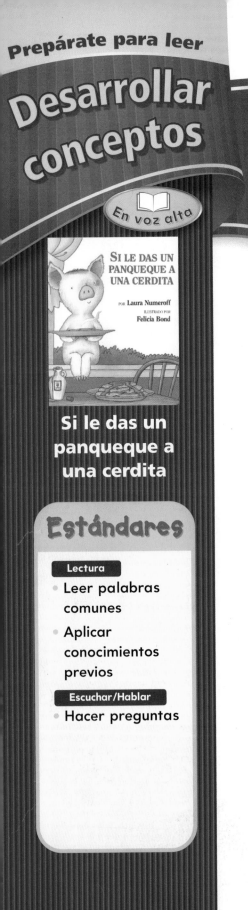

Si le das un panqueque a una cerdita

Estándares

Lectura
- Leer palabras comunes
- Aplicar conocimientos previos

Escuchar/Hablar
- Hacer preguntas

Construir una casita

¿Qué sucede cuando le das un panqueque a una cerdita? Lee el próximo cuento para averiguarlo.

Palabras importantes

después	piano
donde	juego
entonces	recuerdos
haga	
vez	

Oraciones de práctica

1. Tal vez haga una casita.
2. La puedo hacer donde quiera.
3. Primero, traeré unos tablones.
4. Después, la pintaré de rojo.
5. Entonces, hará juego con mi piano.
6. Mi piano me trae muchos recuerdos.

Conozcamos a la autora

Cuando todavía era niña,
Laura Numeroff leía seis
libros a la semana. Ahora
su trabajo favorito es
escribir libros para niños.

Conozcamos a la ilustradora

Felicia Bond decidió que sería
artista cuando tenía cinco
años de edad. Su primer
trabajo fue dibujar un mural
en un salón de clases cuando
apenas tenía seis años. Ahora
ilustra libros para niños.

Internet

Para leer más sobre Laura Numeroff y
Felicia Bond, visita Education Place.

www.eduplace.com/kids

SI LE DAS UN PANQUEQUE A UNA CERDITA

POR **Laura Numeroff**

ILUSTRADO POR

Felicia Bond

Estrategia clave

En voz alta   Al leer, pregúntate si los sucesos del cuento podrían ocurrir realmente.

Si le das un panqueque a una cerdita,

seguramente lo querrá con almíbar.

Le darás un poco de tu almíbar favorito y es casi seguro que se pondrá toda pegajosa.

Querrá darse un baño y
te pedirá el jabón
de burbujas.

Una vez que tenga el jabón de burbujas,
te pedirá un juguete y tendrás que
buscar tu patito de goma.

85

El patito le traerá recuerdos de la granja donde nació,
y se sentirá tan triste que querrá visitar a su familia.

Te pedirá que la acompañes y
buscará una maleta. Primero,
buscará en el armario,

después, debajo de la cama,

y allí encontrará tus viejos
zapatos de baile.

Seguro que se los probará y luego
querrá ponerse algo que le haga
juego con los zapatos.

Una vez que esté lista, te pedirá que le pongas música.

Tocarás tu canción favorita
en el piano, y ella
comenzará a bailar.

En este momento, querrá que le tomes una foto

y tendrás que ir a buscar tu cámara.

Pero cuando vea la foto,

querrá que le tomes más.

Después querrá enviarle una a cada uno de sus amigos.

Y tendrás que darle sobres
y estampillas

y luego acompañarla hasta el
buzón de correos.

Por el camino, se fijará en el árbol que hay en el patio
de la casa y querrá construir una casita en sus ramas.

Y tú tendrás que buscarle la madera,
el martillo y los clavos.

Y cuando la casita esté
terminada, querrá decorarla.

Entonces, te pedirá papel pintado y cola.
Al empapelar las paredes, seguramente
se pondrá toda pegajosa

y al sentirse pegajosa se acordará
del almíbar.

Es probable que te pida un poco,

y es casi seguro
que si te pide un poco de almíbar,

también querrá que le des un panqueque.

Piensa en el cuento

SI LE DAS UN PANQUEQUE A UNA CERDITA

POR **Laura Numeroff**

ILUSTRADO POR **Felicia Bond**

1. ¿Cuál es el problema del cuento?

2. ¿Qué crees que hará la niña la próxima vez que una cerdita le pida paqueques?

3. ¿Le darías un panqueque a una cerdita? ¿Por qué?

Internet

Encuesta en Internet

¿Qué es lo más divertido que hizo la cerdita en el cuento? Para votar, visita Education Place.

www.eduplace.com/kids

Lectura Elementos/estructura de un cuento

Diseña una casita en un árbol

1. Haz una lista de las cosas que necesitarías para construir la casa.

2. Haz un dibujo de la casita en el árbol y rotula sus partes.

3. Muéstrale tu trabajo al resto del grupo.

Narrar

Escribe un cuento

Escribe tres cosas más que le podrían haber pasado a la cerdita después de que le dieran su panqueque.

Consejos

- Usa una mayúscula al comienzo de cada oración.
- Termina cada oración con un punto.

Escritura
Lenguaje
Escribir narraciones breves
Letras mayúsculas/puntuación

105

Destreza: Cómo leer una receta

- **Lee** la lista de ingredientes que necesitarás.

- **Lee** las instrucciones.

- **Vuelve a leer** las instrucciones para asegurarte de que entendiste todo.

En voz alta

Estándares

Lectura

- **Identificar secuencia/orden lógico**

- **Responder a preguntas**

Panqueques de arándanos

Ingredientes

Mezcla seca, cernir juntos:
3/4 de taza de harina
1/2 cucharadita de sal
1 cucharada de azúcar
1 cucharadita de polvo para hornear

1 huevo
3/4 de taza de leche
1 cucharadita de mantequilla derretida
1/2 taza de arándanos
almíbar

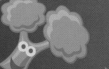

Instrucciones

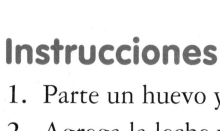

1. Parte un huevo y échalo en un tazón.
2. Agrega la leche y la mantequilla derretida y remuévelo todo.
3. Vierte la mezcla seca en el tazón sin parar de remover.
4. Calienta un poco más de mantequilla en una sartén.
5. Vierte 1/2 taza de la mezcla en la sartén.
6. Voltea el panqueque y espera que esté listo.
7. Adorna el panqueque con 7 arándanos.
   Añade el almíbar y ¡a comer!

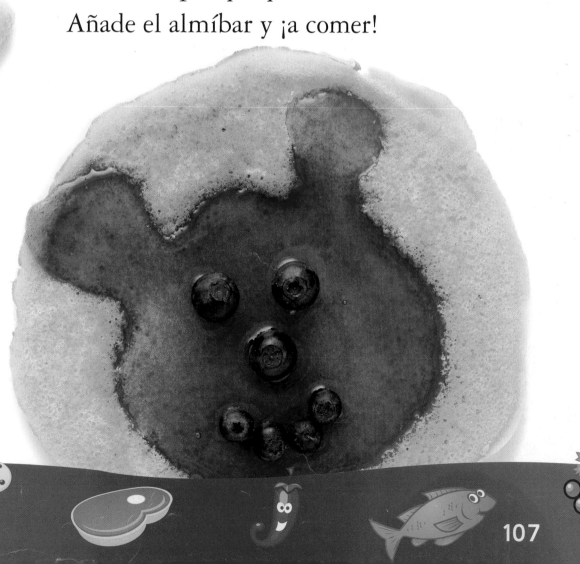

Los grupos alimenticios

Come alimentos de cada grupo diariamente.
Trata de no comer demasiadas grasas y dulces.

········ Granos ········

········ Frutas ········

········ Productos lácteos ········

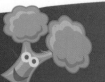

Verduras

Carnes

Grasas y dulces

 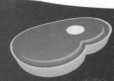 

En voz alta

✔ Escribir una reacción personal

Algunas pruebas piden que leas una pregunta y después escribas una respuesta que diga lo que piensas. Mira el siguiente ejemplo.

Consejos

- Lee atentamente las instrucciones para que sepas lo que tienes que hacer.

- Busca palabras clave que digan sobre qué tienes que escribir.

- Piensa acerca de lo que tienes que escribir.

- Una vez que termines de escribir, lee tus oraciones y corrige los errores.

> En el tema *Todo tiene solución*, los niños resuelven problemas de distintas maneras. ¿Alguna vez has tenido que solucionar un problema? Escribe algunas oraciones acerca de lo que hiciste para resolverlo.

Ahora observa esta respuesta correcta
que escribió un estudiante.

Perdí un libro de la
biblioteca. Le pedí a mi amiga
Elena que me ayudara a
buscarlo. Buscamos en el patio
de recreo. También buscamos
en el salón de la señorita
Castaño. Luego encontré el
libro en mi mochila roja.

Las oraciones
hablan de la
pregunta.

Las oraciones
dicen lo que
piensa el
escritor.

Las oraciones
incluyen
detalles
interesantes.

Teatro

¿Qué es una obra de teatro?

- Es un cuento que se narra a través de las palabras de los personajes. Se puede representar o leer en voz alta.

- A veces tiene un narrador que dice lo que está pasando.

- El nombre de cada personaje aparece antes de las palabras que él dice.

- Cuando participes en una obra de teatro, lee las palabras de los personajes de la forma que tú crees que los personajes las dirían.

Contenido

El león y el ratón

Personajes:	Narrador
	Ratón
	León

Narrador: Había una vez un ratoncito que vivía en la selva.

Ratón: Me encanta correr y jugar bajo la luz de la luna.

Narrador: Una noche el ratón salió de su madriguera.

León: ¡Grrrr!

Narrador: ¡Un enorme león con grandes dientes lo estaba esperando justo afuera!

Narrador: El león atrapó al ratón bajo su enorme pata. El ratoncito estaba asustado. El león estaba a punto de comérselo.

Ratón: Por favor, señor León, déjeme ir.

León: ¿Y por qué debería dejarte ir?

Ratón: Usted es el Rey de la selva, y yo soy demasiado pequeño para convertirme en su cena. Además, si me deja ir, algún día le podré ofrecer mi ayuda.

Narrador: El león sacudió la cabeza, pero dejó ir al ratón.

Ratón: Muchas gracias, señor León. Si alguna vez me necesita, sólo tiene que llamarme.

León: ¡Ja, ja, ja! ¿Cómo crees que un gran león va a necesitar la ayuda de un ratoncito como tú? Anda, ve a correr y a jugar.

Narrador: El ratón se alejó corriendo. Pero no se había ido muy lejos cuando se escuchó un fuerte rugido.

Ratón: El señor León se debe haber hecho daño. Tengo que regresar a ver qué pasó.

Narrador: El ratón encontró al león atrapado en una red muy grande. Cada vez que trataba de salir, el león se enredaba más en la red. Ahora el león estaba atrapado para siempre.

Ratón: No tenga miedo, señor León. Yo lo puedo ayudar.

León: ¿Tú? ¡Pero si tú eres muy pequeño! Corre antes de que vengan los cazadores.

Ratón: Sólo déme la oportunidad de ayudarlo y verá de lo que soy capaz.

Narrador: El ratón comenzó a roer la red. Al fin, se rompió una de las cuerdas. Luego otra. El ratón estaba cansado, pero sabía que no podía parar. Tenía que salvar al león.

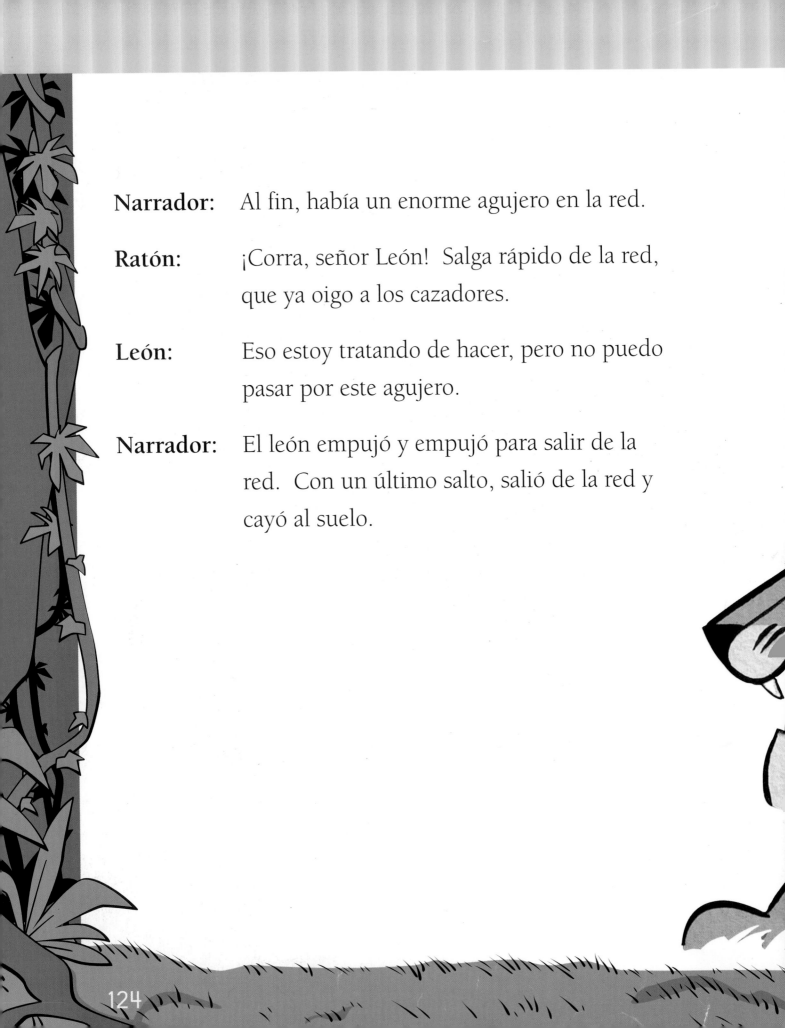

Narrador: Al fin, había un enorme agujero en la red.

Ratón: ¡Corra, señor León! Salga rápido de la red, que ya oigo a los cazadores.

León: Eso estoy tratando de hacer, pero no puedo pasar por este agujero.

Narrador: El león empujó y empujó para salir de la red. Con un último salto, salió de la red y cayó al suelo.

Narrador: El león estaba contento.

León: Gracias, ratoncito. Sin tu ayuda, los cazadores me habrían atrapado. Nunca pensé que alguien tan pequeño como tú podría hacer algo por mí, pero has sido una gran ayuda.

Ratón: Si usted no me hubiera dejado ir, señor León, tampoco lo habría podido ayudar.

Narrador: Esa noche, los dos amigos salieron a correr y a jugar bajo la luz de la luna.

En voz alta

Crear

Escribe una obra de teatro

Puedes escribir tu propia obra de teatro siguiendo
estas instrucciones:

1. Piensa en un cuento que te gustaría narrar o adaptar.

2. Decide en dónde quieres que suceda la obra de teatro.

3. Escoge los personajes. Decide si habrá un narrador.

4. Escribe el nombre de cada personaje y lo que quieres
   que diga ese personaje.

Cuando termines, léeles tu obra de teatro a los demás.
¡Hasta puedes representar tu obra de teatro!

Escritura — Seleccionar un enfoque
Escribir narraciones breves

Otras obras de teatro para leer

Cardito caracol

por Inmaculada Díaz (Everest)

Un caracol quiere vivir en una casa de ladrillos.
¿Habrá tomado la decisión correcta?

El patito feo

adaptado por Mónica Bosom (Barron's)

Este libro es parte de la serie
"Teatro de cuentos de hadas".

NUESTRO PLANETA

En voz alta

Disfruta la Tierra

Disfruta la Tierra con cariño
Disfruta la Tierra con cariño
Porque si se llega a dañar
Nadie la puede arreglar
Disfruta la Tierra con cariño

un poema yoruba de África

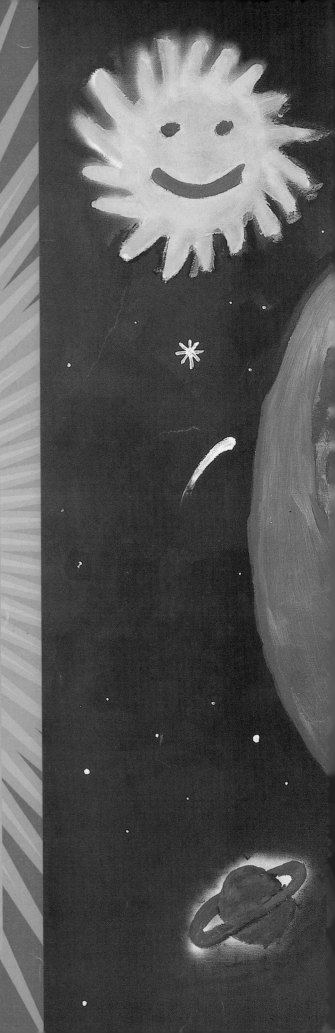

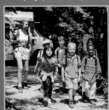

El bosque
por Isidro Sánchez
fotografías de Joel Benjamin

El bosque

Estándares

Lectura

- Clasificar palabras por categorías
- Recontar ideas centrales

Una excursión al bosque

En el cuento que vas a leer a continuación, aprenderás sobre una clase que se va de excursión al bosque.

ESCOLAR

Palabras importantes

conocer	ciudad
gran	incendio
recoger	tiene
tan	tierra
verdes	viene

Oraciones de práctica

1. Mañana vamos a conocer el gran bosque.

2. La maestra viene con nosotros.

3. Podemos recoger las hojas y semillas que caen en la tierra.

4. Nunca he visto hojas tan verdes como en este bosque.

5. La maestra tiene un libro de reglas para evitar un incendio en el bosque.

Conozcamos al autor y al fotógrafo

Mis plantas
el bosque
Isidro Sánchez
Carme Peris
BARRON'S

Además de este libro, **Isidro Sánchez** ha escrito libros sobre el esquí y el montañismo. A Isidro Sánchez le gusta mostrar a los niños lo divertida que puede ser la naturaleza.

Joel Benjamin toma fotografías desde hace más de veinte años. Su sugerencia para salir sonriente en las fotos es decir "serpiente" en lugar de "Luis".

Internet

Para saber más acerca de Isidro Sánchez y Joel Benjamin, visita Education Place.

www.eduplace.com/kids

El bosque

por Isidro Sánchez
fotografías de Joel Benjamin

Estrategia clave

En voz alta Al terminar de leer, usa tus propias palabras para contar lo que aprendiste acerca del bosque.

135

Hoy vamos a hacer una excursión al bosque. Aprenderemos sobre las plantas verdes y los árboles que crecen allí. También aprenderemos sobre los animales que hacen del bosque su hogar.

La maestra nos dice: "Esto es un pino.
A las ardillas les encantan los piñones que
crecen dentro de las piñas".

138

 "Este árbol alto es una picea, o falso
abeto. Sus piñas cuelgan hacia abajo".

 "Este gran roble tiene un tronco muy grueso.

Las ardillas se comen sus bellotas".

"Es posible saber de qué árbol viene una hoja, por su color y forma. Así se pueden divertir. Vamos a recoger hojas".

"Los árboles del bosque nos dan la madera para hacer papel, para construir casas y para muchas otras cosas necesarias".

142

"Debemos tener mucho cuidado en el bosque.
Una sola chispa puede iniciar un enorme
incendio forestal. Los incendios matan
a los árboles y hacen daño a los animales".

A todos nos gusta el bosque. Además de ser muy hermoso, es el hogar de muchas aves, insectos, animales y plantas. Me alegra conocer un bosque tan cerca de nuestra ciudad.

También hay muchos tipos de hongos que crecen en el bosque. Pero debes tener cuidado de no tocarlos, porque pueden ser venenosos.

Nos sentamos en el bosque y dibujamos los árboles. Después, rotulamos sus partes: las hojas, las ramas, el tronco y la corteza.

Cavamos hoyos y plantamos árboles pequeños.

Los amarramos a estacas para que crezcan derechos.

Apretamos la tierra alrededor y los regamos.

147

Cuando crezcan, estaremos orgullosos de haber plantado estos árboles y felices de haber hecho algo por el bosque.

El bosque
por Isidro Sánchez
fotografías de Joel Benjamín

Piensa en el cuento

1. ¿Cuál crees que es la mejor parte del paseo al bosque? ¿Por qué?

2. ¿Por qué crees que los niños plantaron árboles al final del cuento?

3. ¿Por qué es importante tener bosques?

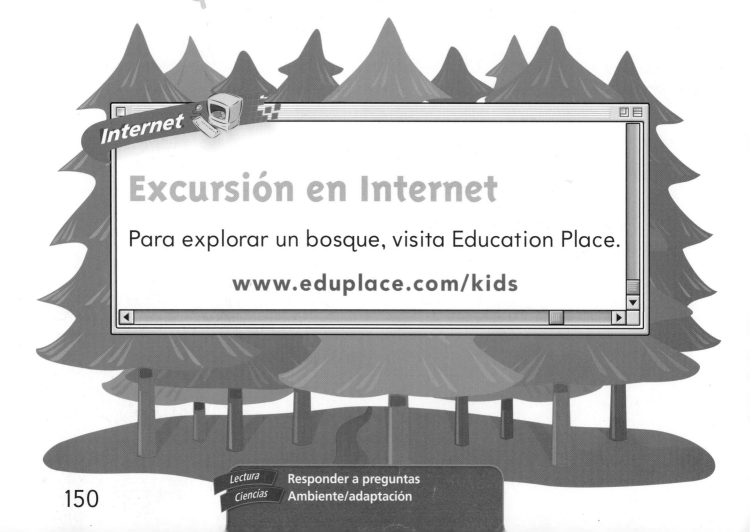

Internet

Excursión en Internet

Para explorar un bosque, visita Education Place.

www.eduplace.com/kids

Lectura
Ciencias
Responder a preguntas
Ambiente/adaptación

Productos de los árboles

Mira a tu alrededor. ¿Qué cosas ves que están hechas de madera? Haz una lista de cosas que se pueden hacer con los árboles. Léele tu lista al grupo.

papel
casas
mesas

Explicar

Una guía del bosque

Dobla algunas hojas de papel por la mitad para hacer un libro. En cada página, dibuja una cosa del bosque. Haz un rótulo con su nombre y escribe una oración sobre esa cosa.

Consejos

- Usa lo que has aprendido en el cuento.
- Escribe un dato sobre cada dibujo.

Bellota

Ciencias — Información: imágenes/números/palabras

Escritura — Escribir descripciones

151

Salvar la Tierra

Destreza: Cómo leer un panfleto

- **Lee** el título.

- **Observa** cómo usa la información.

- **Piensa** por qué se escribió el panfleto.

En voz alta

Estándares

Lectura
- **Responder a preguntas**
- **Recontar ideas centrales**

Estudios sociales
- **Elementos y el medio ambiente**

Salvar la Tierra

SEIS MANERAS DE AYUDAR

1. No botes basura.
A los animales y a los pájaros les puede hacer daño comer basura.

2. Cuelga un comedero de pájaros.
Así los pájaros tendrán alimento durante el invierno.

3 En lugar de ir en carro, monta bicicleta, camina o súbete a un autobús. Al usar menos gasolina, el aire estará más limpio.

4 Apaga las luces cuando no las necesites. Al usar menos electricidad, el aire y el agua estarán más limpios.

5 Cierra la llave del agua mientras te cepillas los dientes. Ahorrarás hasta cinco galones de agua.

6 Recicla el vidrio, el plástico, el metal y el papel. Algunas de estas cosas se pueden volver a usar para hacer algo nuevo.

En voz alta

Informe de investigación

Un informe de investigación da **datos** sobre un tema en las palabras del escritor. Usa la muestra de escritura de esta estudiante cuando escribas tu propio informe de investigación.

> Un informe de investigación da **datos** sobre el tema.

La catarina

Este informe es acerca de la catarina. Este insecto tiene seis patas, dos alas y no tiene antenas. La catarina vive en los jardines y le gusta comerse a los insectos que son dañinos para las plantas.

Escritura — Seleccionar un enfoque
Usar palabras descriptivas

En algunos países en que se habla español, la catarina tiene nombres distintos. Una cosa interesante de este insecto es que es carnívoro. Esto significa que come carne, no plantas. Es un insecto útil para el hombre porque acaba con las plagas de jardín. El tamaño de la catarina es como el ancho de un dedo.

Un buen informe **describe** lo que el autor está escribiendo.

Un buen informe da **detalles** sobre el tema.

Conozcamos a la autora

Tori S.

Grado: primero

Estado: Florida

Pasatiempos: leer y nadar

Qué quiere ser cuando sea mayor: maestra de primer grado

Desarrollar conceptos

En voz alta

Mariposa
por Mary Ling
fotografías de Kim Taylor

Mariposa

Estándares

Lectura
- Leer palabras comunes
- Recontar ideas centrales

Ciencias
- Ambiente y adaptación

¿Qué será?

¿Te gustaría ver a una oruga convertirse en mariposa? Si es así, lee el próximo cuento.

Palabras importantes

dentro	caiga
hacia	estoy
mismo	hay
través	soy
siempre	voy
aumenta	

Oraciones de práctica

1. Algo crece dentro de este huevo amarillo.
2. Estoy seguro de que es una oruga.
3. Pero no puedo ver a través de las paredes del huevo.
4. Voy a ver cómo aumenta de tamaño cada día.
5. Espero que no se caiga de la hoja.
6. Yo soy un buen observador de la naturaleza.
7. Siempre me ha gustado observar esto.
8. Me gustaría que la oruga naciera ahora mismo.

Conozcamos a la autora y al fotógrafo

Mary Ling ha escrito más de diez libros sobre el crecimiento de los animales y la vida en la naturaleza. Sus libros muestran a los niños datos interesantes sobre los animales. También ha escrito sobre aviones y camiones de la basura.

A **Kim Taylor** le gustan la naturaleza y las ciencias. Kim Taylor ha tomado las fotos de libros sobre fósiles, lluvias y animales nocturnos.

Internet

Si quieres saber más acerca de Mary Ling y Kim Taylor, visita Education Place.

www.eduplace.com/kids

Mariposa

por Mary Ling
fotografías de Kim Taylor

En voz alta Al leer, piensa si la autora
hace un buen trabajo dando
información sobre las mariposas.

Fuera del huevo

Soy una oruga: crezco dentro de un huevito que mide más o menos lo mismo que este punto __.

Mi madre es una mariposa. Un día seré igual que ella.

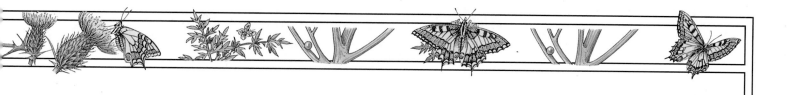

Ya estoy lista para salir, así que mastico el cascarón hasta abrir un agujero.

Me escurro hacia afuera a través del agujero.

¡Al fin soy libre!

¡A crecer!

Ya cumplí una semana.
Cada día estoy más grande.
Siempre tengo hambre.

Siento que mi piel está
apretada y se empieza
a desprender.

Me deslizo fuera de mi vieja piel.
Mi nueva piel se ajusta a mi
cuerpo regordete.

Pero en poco tiempo he crecido
demasiado para esta piel.

Muchas patas

Tengo dos semanas y mi
piel se desprende de nuevo.

Ahora mi cuerpo está cubierto de rayas brillantes.

¿Cuántos brazos y cuántas patas tengo? Tengo seis brazos y diez patas.

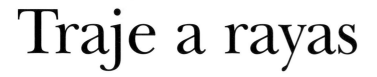

Traje a rayas

Tengo tres semanas.
Estoy devorando una
rica planta.

También hay otras
orugas comiendo.
Me voy a comer a
la otra planta.

Mientras como, mi traje a rayas
me esconde del peligro.

Con mi cuerno color
naranja asusto a
mis enemigos.

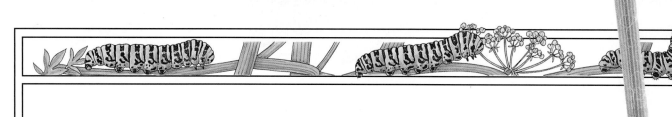

Cambio de forma

Ya cumplí cuatro semanas. Mi tamaño aumenta y me convierto en una oruga adulta.

Busco un lugar seguro para esconderme.

Mi cuerpo está
cambiando
de forma.

Ya no soy una oruga.
Ahora soy una crisálida.

Alas al fin

A las siete semanas es hora
de que mi bolsa se caiga.
Soy una mariposa.

Mis nuevas alas están
plegadas y húmedas.

172

Descanso un rato al
sol para calentarme.

En poco tiempo mis alas
están lisas. ¡Puedo volar!

Bajo el sol

Ahora tengo ocho
semanas y soy una
mariposa adulta.
Mis alas son fuertes.
Puedo volar por
todas partes.

Con mi larga lengua sorbo el dulce néctar que hay en las flores.

¡Al fin soy igual que mi madre!

Mira mi crecimiento

El huevo   Una semana   Dos semanas

Tres semanas   Cuatro semanas   Siete semanas

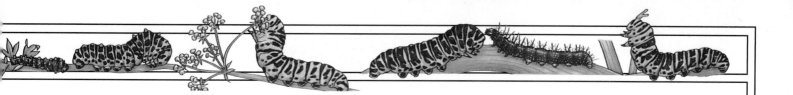

Ocho semanas

Mariposa
por Mary Ling
fotografías de Kim Taylor

Piensa en el cuento

1. ¿En qué se parecen la mariposa y la oruga? ¿En qué se diferencian?

2. ¿Por qué se desprende la piel de la oruga?

3. ¿Te gustaría ver a una oruga convertirse en mariposa? ¿Por qué?

Internet

Construir un cuento

¿Cómo se transforma una oruga en mariposa? Ve a Education Place para poner las escenas en el orden correcto.

www.eduplace.com/kids

Lectura · **Responder a preguntas**
Ciencias · **Necesidades de plantas y animales**

Partes correspondientes

Recorta la silueta de media mariposa en un papel doblado por la mitad. Despliega el papel. Fíjate que las dos alas tienen exactamente la misma forma. Ahora decora tu mariposa.

1. **2.** **3.**

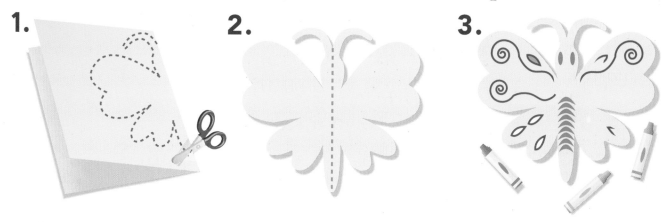

Describir

Escribe una descripción

Escribe varias oraciones para describir a la oruga o a la mariposa.

Consejos

- Usa palabras que permitan al lector imaginar lo que describes.
- Verifica tu ortografía.

Destreza: Cómo apreciar las bellas artes

- **Observa** el cuadro. ¿Qué te hace sentir?

- **Piensa** en lo que el artista está tratando de mostrar.

Estándares

Escuchar/Hablar

- Escuchar con atención
- Recitar poemas

En nuestra Tierra tan linda

En nuestra Tierra tan linda,
pronto va a salir el sol,
pronto va a salir la luna,
pronto va a soplar el viento,
pronto va a caer la lluvia,
pronto brillará una estrella
en nuestra Tierra tan linda.

por José-Luis Orozco

Lluvia de verano, Enrique O. Sánchez, dominicano

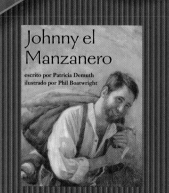

Johnny el Manzanero

Estándares

Lectura
- Leer palabras comunes
- Hacer predicciones

Por los caminos

En el próximo cuento, descubre quién es Johnny el Manzanero.

Palabras importantes

aquel	muy
durante	ruido
gente	seis
hizo	

Oraciones de práctica

1. Aquel joven está cargando una caja.
2. Hay mucho trabajo durante una mudanza.
3. Los nuevos vecinos quieren conocer a la gente del barrio.
4. Uno de ellos hizo el almuerzo.
5. Los vecinos estarán muy ocupados.
6. Se puede oír el ruido del camión.
7. Estuvieron trabajando hasta las seis.

Johnny el Manzanero

escrito por Patricia Demuth
ilustrado por Phil Boatwright

En voz alta ¿Por qué crees que el personaje de este cuento se llama Johnny el Manzanero? Lee el cuento para averiguarlo.

¿Quién era Johnny el Manzanero? ¿Es sólo un personaje de cuento? No. Johnny existió realmente.

Se llamaba John Chapman y plantó
manzanos, muchísimos manzanos. Por eso
la gente lo llama Johnny el Manzanero.

Johnny era apenas un joven cuando Estados Unidos también era un país joven. En aquel entonces, muchas personas se iban al Oeste.

En el Oeste no había pueblos ni escuelas. Tampoco había muchas casas. Y no había manzanos.

Johnny también quería irse al Oeste.
Quería plantar manzanos. Quería que
el Oeste fuera un lugar más agradable
para vivir.

Así que Johnny consiguió un saco
enorme y lo llenó de semillas de
manzana. Luego partió.

189

Johnny caminó por días y semanas,
siempre adelante. Muy pronto, sus
ropas se convirtieron en harapos.
No tenía zapatos.

¿Y qué tipo de sombrero usaba?
¡Una olla! Así no tenía que cargarla.

Llegó la nieve. ¿Creen que
Johnny se detuvo? No.

Construyó unas raquetas
para la nieve y caminó
un poco más.

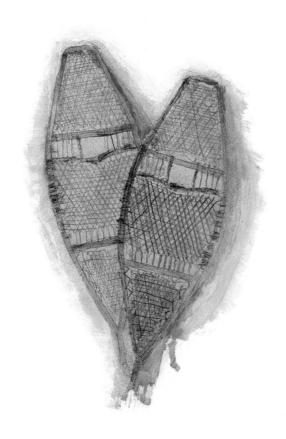

Llegó la primavera. Ahora Johnny estaba en el Oeste. Se detuvo junto a un río. Allí cavó un agujero y puso una semilla de manzana. Luego cubrió la semilla con tierra.

Algún día habrá un manzano aquí. Johnny siguió su camino. Todavía tenía muchas semillas para plantar.

Johnny caminaba solo y sin hacer ruido.
Pero a veces tenía compañía. Los animales
eran sus amigos.

La mayoría de la gente tenía miedo a los
animales. Pero Johnny no les tenía miedo.

Un día, un enorme oso negro de más de
seis pies vio a Johnny pasar. El oso no le
hizo nada. Tal vez sabía que Johnny era
un amigo.

Los indígenas también eran amigos de
Johnny. Ellos le enseñaron a encontrar
plantas y raíces que se podían comer.

Y, ¿dónde dormía Johnny? Bajo las
estrellas. A Johnny le gustaba echarse
de espaldas y mirar hacia arriba. El
viento soplaba. Los búhos ululaban.
Las estrellas parpadeaban y reinaba
la quietud.

Pasaron muchos años. Johnny sembró manzanos por todas partes. La gente lo empezó a llamar Johnny el Manzanero.

Un día regresó al punto donde había plantado su primer manzano. Ahora era un árbol robusto. Una niña se columpiaba en una de sus ramas.

Esa noche Johnny la pasó con la familia de la niña. Johnny contó cuentos. Todos querían a Johnny.

—Quédate con nosotros —le dijeron—. Construye aquí tu casa.

Pero Johnny no se quedó.
—Tengo que terminar mi trabajo —dijo—. Y soy feliz: El mundo entero es mi casa.

Muchas más personas se fueron al Oeste.
Johnny plantó más manzanos. Durante la
primavera, los manzanos se cubrían de
flores blancas.

Durante el otoño, los manzanos se
cargaban de manzanas: redondas,
rojas y maduras.

La gente hizo pasteles de manzana.

Y dulce de manzana para el pan.

Y sidra para beber. Y los niños tenían

manzanos para treparse.

Todo gracias a Johnny el Manzanero.

Conozcamos a la autora y al ilustrador

Cuando era una niña, **Patricia Demuth** vivía con su familia en una granja de ovejas. Le gustaba cantar, montar bicicleta y leer. Su esperanza es que los niños se preocupen más por la Tierra después de leer sus libros.

A **Phil Boatwright** le gusta usar a personas que conozca como modelos de los personajes que pinta. Cuando no está pintando, a Phil Boatwright le gusta sembrar semillas en su propio jardín.

 Internet

Para saber más acerca de Patricia Demuth y Phil Boatwright, visita Education Place.

www.eduplace.com/kids

Piensa en el cuento

1. ¿Crees que Johnny el Manzanero hizo del mundo un lugar mejor para vivir? ¿Por qué?

2. ¿Por qué la gente se acuerda todavía de Johnny el Manzanero?

3. ¿Te gustaría haber conocido a Johnny el Manzanero? ¿Por qué?

Internet

Una postal en Internet

Envía una tarjeta postal electrónica a un amigo o amiga y cuéntale sobre *Johnny el Manzanero*. Encontrarás postales en Education Place.

www.eduplace.com/kids

Conversa sobre Johnny el Manzanero

Trabaja con un compañero. Por turnos, hablen de los sucesos en la vida de Johnny el Manzanero desde el principio hasta el fin.

Consejos

- **Escucha a tu compañero.**
- **Espera que tu compañero haya terminado antes de empezar a hablar.**

Reflexionar

Escribe en tu diario

¿Qué podrías hacer hoy en día para cambiar el mundo en el futuro? Escribe sobre esto en tu diario.

Consejos

- **Piensa en lo que quieres decir antes de escribir.**

reciclar

Escuchar/Hablar   Escuchar con atención
Recontar cuentos en secuencia

Destreza: Cómo leer una línea cronológica

- **Lee** la línea cronológica de izquierda a derecha.

- **Lee** las palabras en la línea cronológica. Esas palabras dicen cuándo suceden las cosas.

En voz alta

Ciclo de vida de una manzana

por Angela Royston

La manzana es una fruta que crece de un árbol llamado manzano. Cada árbol da una nueva cosecha de manzanas al año.

1 Manzano, final del invierno

Los manzanos no tienen hojas durante los meses fríos del invierno. Cada ramita termina en una yema apretada.

1. final del invierno ▶ ▶ ▶ ▶ ▶ ▶ ▶ ▶

Dentro de las yemas hay hojas pequeñitas. Las hojitas salen de la yema y crecen.

Unas yemas color rosa crecen en las hojas.

2. comienzo de la primavera ▶   **3. una semana más tarde** ▶ ▶ ▶

211

4 Florecimiento y polinización, primavera

Las yemas color rosa se transforman en flores de un color rosado pálido. Las flores tienen un polvo amarillo llamado polen.

Esta abeja recoge el polen y lo guarda en los pelos pegajosos de sus patas traseras. Este polen permite que se formen las semillitas de las manzanas.

4. primavera ▶ ▶ ▶   ▶ ▶ ▶ ▶ ▶ ▶ ▶ ▶ ▶

cuatro semanas más tarde

Los pétalos se encogen y se caen, dejando una manzana diminuta con sus semillitas adentro. Las manzanas comienzan a hincharse y a crecer.

6 **Cosecha, comienzo del otoño**

Durante el verano, las manzanas se pusieron grandes y dulces. Estas manzanas rojas y maduras están listas para la cosecha.

5. cuatro semanas más tarde ▶ ▶   **6. comienzo del otoño**

✅ Escoger la respuesta correcta

¿Cómo se escoge la mejor respuesta en una prueba? Mira este ejemplo de *Mariposa*. La respuesta correcta está marcada.

Consejos

- Lee con atención las instrucciones.

- Lee la pregunta. Lee todas las respuestas.

- Rellena todo el círculo.

- Consulta el cuento si es necesario.

Lee la siguiente pregunta. Rellena el círculo junto a la mejor respuesta.

1 ¿Cómo salió la oruga del huevo?

○ Salió volando del huevo.

○ Su mamá la ayudó a salir.

● Masticó el cascarón hasta hacer un agujero.

Lectura **Usar contexto para comprender**

Ahora fíjate en cómo esta estudiante
escogió la respuesta correcta.

Busco una respuesta
que diga cómo salió
la oruga del huevo.
La primera respuesta
es incorrecta porque
las orugas no vuelan.

La segunda
respuesta es
incorrecta porque
la oruga no
recibió la ayuda
de su mamá.

Ahora me doy
cuenta de que
la última
respuesta es
la correcta.

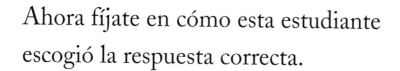

Glosario

A

agradable

Agradable significa simpático y amable. Algo **agradable** huele o sabe bien. ¡Qué **agradable** es tu mamá!

almíbar

El **almíbar** es un líquido dulce. Javi le puso **almíbar** a su panqueque.

amigables

Amigable es alguien a quien le gusta conocer a más personas. Gilberto y Juan son muy **amigables** con sus vecinos.

armario

Un **armario** es un espacio para guardar cosas. Yo guardo mi abrigo en el **armario**.

ascensor

Un **ascensor** es un cuarto pequeño que sube y baja dentro de un edificio. El **ascensor** nos llevó al último piso.

autobús

Un **autobús** es un carro muy grande donde viaja la gente. Todas las mañanas subo al **autobús** para ir a la escuela.

B

bailar

Bailar significa mover el cuerpo con la música. Es muy divertido **bailar** en las fiestas.

bellotas

Una **bellota** es un tipo de nuez que nace de un árbol que se llama roble. Las ardillas comen **bellotas**.

biblioteca

La **biblioteca** es un lugar donde hay muchos libros. La gente toma prestados libros de la **biblioteca**.

burbujas

Una **burbuja** es una bolita de aire. A Carmita le gusta hacer **burbujas** de jabón.

C

camión

Un **camión** es un carro muy grande para cargar cosas grandes y pesadas. Cuando te mudas a una casa nueva, pones tus cosas en un **camión**.

caramelos

Caramelos son dulces que se comen. Hay muchos **caramelos** en la tienda.

ciudad

La **ciudad** es un lugar donde vive y trabaja mucha gente. Hay muchos edificios en la **ciudad** donde vivo.

cola

La **cola** se usa para pegar dos cosas. En clases de arte usamos **cola** para pegar papeles de colores.

compañía

Compañía es una persona que está contigo o que va contigo a un lugar. Luis siempre estudia en **compañía** de Marcos.

compartimos

Compartir significa dejar que otra persona use o tenga algo tuyo. Mis hermanos y yo **compartimos** los juguetes.

construir

Construir significa hacer o armar algo. Me gusta **construir** casas de madera.

corteza

La **corteza** es la parte dura de afuera de un árbol. Algunos insectos viven en la **corteza** de los árboles.

creyones

Un **creyón** es un pedazo de cera de color que se usa para pintar o dibujar. Pablo usa sus **creyones** para dibujar un parque.

crisálida

Una **crisálida** es como un capullo. Las mariposas salen de una **crisálida**.

cuerno

Cuerno es un hueso que tienen algunos animales en la cabeza. Ese chivo tiene un **cuerno** más grande que el otro.

cuidado

Tener **cuidado** significa prestar atención cuando se hace algo. Debes tener **cuidado** al cruzar la calle.

culpa

Si algo es tu **culpa**, significa que tú lo hiciste. Fue mi **culpa** que el libro se mojara porque lo dejé afuera.

D

decorarla

Decorar significa adornar algo. En mi escuela usamos luces para **decorarla**.

desaparece

Desaparecer significa no dejarse ver. A veces el sol **desaparece** entre las nubes.

desprender

Desprender significa soltar o desatar algo. Si no ato bien mi mochila, se puede **desprender** y caer al suelo.

E

edificio/edificios

Un **edificio** es donde la gente vive o donde se guardan cosas. Las casas, las escuelas y las tiendas son **edificios**.

enemigos

Un **enemigo** es una persona o un animal que le hace daño a otra persona o animal. Los gatos son **enemigos** de los ratones.

enojo

Enojo es lo que siente una persona cuando está molesta. Tengo **enojo** porque no encuentro mi carrito.

escurro

Escurrir significa salirse o escaparse en silencio. Cuando juego, a veces me **escurro** por el jardín.

estaca

Una **estaca** es una rama de árbol larga y afilada en un lado. Cuando vamos de campamento, ponemos **estacas** alrededor de nuestras tiendas.

estampilla

Una **estampilla** es un papel con un dibujo que se pone en las cartas antes de enviarlas. El correo vende **estampillas** con dibujos muy bonitos.

excursión

Una **excursión** es un viaje corto a algún lugar. En el verano me gusta ir de **excursión** a las montañas con mi familia.

H

harapo

Harapos son pedazos de ropa muy usada, vieja o rota. La Cenicienta usaba **harapos** que le daban sus hermanastras.

hermoso

Algo **hermoso** suena o se ve muy bonito. Vimos un atardecer **hermoso** en la playa.

hongo

Un **hongo** es algo viviente que no es animal ni planta y tampoco tiene flores. En el bosque hay **hongos** pequeños cerca de los árboles.

húmedas

Húmedo significa que está un poco mojado. Mis camisas están **húmedas** y las tengo que secar.

J

joven

Algo **joven** es algo que no es viejo. Papá plantó un manzano muy **joven**.

L

limonada

Limonada es una bebida que se hace con agua y limón. En el verano tomo **limonada** cuando tengo sed.

M

manzano

Un **manzano** es el árbol de donde salen las manzanas. En otoño los **manzanos** están cargados.

mariposa

Una **mariposa** es un insecto con alas de colores brillantes. En mi casa hay una foto de una **mariposa** azul.

miedo

Miedo es lo que siente alguien cuando se asusta o cuando ocurre algo peligroso. Un cuarto oscuro le da **miedo** a mi hermanito.

música

La **música** son sonidos agradables que hacen los instrumentos o las voces. La banda tocó **música** en la fiesta.

N

nació

Nacer significa comenzar a vivir. Mi hermanita **nació** en noviembre.

néctar

El **néctar** es un jugo dulce que sale de las flores de algunas plantas. Las abejas chupan el **néctar** de las flores.

O

orgulloso

Orgulloso significa sentirse feliz cuando se hace algo bien. Mis padres están **orgullosos** porque salí muy bien en la prueba.

oruga

Una **oruga** es un insecto que se parece a un gusano. La **oruga** se convierte en una mariposa muy bonita.

P

panqueque

Un **panqueque** es un alimento que se hace con harina y agua. Hoy comí un **panqueque** en el desayuno.

parpadeaban

Parpadear es abrir y cerrar los ojos muy rápido. En el espectáculo de luces todos **parpadeaban** sin parar.

parque

Un **parque** es un lugar donde hay árboles y plantas y adonde la gente va a pasear. En mi escuela hay un **parque** donde jugamos todos los días.

partió

Partir significa marcharse de un lugar. El hombre **partió** muy temprano en la mañana.

pastel

Un **pastel** es una comida dulce que se cubre con crema o fruta. En la fiesta de cumpleaños comí **pastel** de chocolate.

pasto

El **pasto** es la hierba verde que crece en las montañas o los parques. A las vacas les gusta comer el **pasto**.

pateo

Patear es pegarle duro a algo con los pies. En el juego de fútbol yo **pateo** la pelota muy fuerte.

patinetas

Una **patineta** es una tabla con ruedas que se usa para moverse por el suelo. En el verano salgo a jugar con mis amigos con nuestras **patinetas**.

patio de recreo

El **patio de recreo** es un lugar donde puedes jugar. Después de clases, vamos al **patio de recreo** a jugar.

pegajosa

Pegajoso significa que se pega mucho. Debo lavarme las manos porque la cola es muy **pegajosa**.

peligro

Peligro es algo que te puede hacer daño. Las tormentas son un **peligro**.

personaje

Un **personaje** es el que participa o aparece en un cuento. El osito perdido es el **personaje** de este cuento.

piedra

Una **piedra** es un objeto muy duro y grande que es parte de la tierra. Una **piedra** grande cayó de la montaña al camino.

piñas

Una **piña** es un fruto de un pino. La mesa está adornada con **piñas** y nueces.

piñones

Un **piñón** es una semilla del pino. En la primavera hay **piñones** regados por todas partes.

plegadas

Plegado significa doblado. Algunas faldas son **plegadas**.

probable

Probable es algo que puede pasar. Es **probable** que llueva hoy porque el cielo está gris.

problema

Un **problema** es algo difícil que se debe resolver. Yo puedo resolver el **problema** de suma.

Q

querrá

Querer es estar dispuesto a hacer algo. Tal vez María **querrá** ir al cine el sábado.

quietud

Quietud significa tranquilidad. La **quietud** de la mañana es buena para estudiar.

R

regordete

Regordete significa grueso y redondo. El perrito de Beto está **regordete** de tanto comer.

robusto

Robusto significa fuerte y vigoroso. El árbol que planté está grande y **robusto**.

S

saltarín

Saltarín significa que salta mucho. El conejito es muy **saltarín**.

se averigua

Averiguar significa investigar o buscar. Si algo no se sabe, **se averigua** preguntando.

sidra

La **sidra** es una bebida que se hace con manzanas. Puedes hacer **sidra** con el jugo de una manzana roja.

sitio

Un **sitio** es un lugar. Ése es el **sitio** donde encontramos la pelota.

solución

Una **solución** es la respuesta a un problema. Yo sé la **solución** del problema de suma.

V

venenosos

Veneno es algo que puede enfermar o matar a las personas o animales. Algunos animales son **venenosos**.

viejos

Viejo significa algo de mucha edad o que tiene mucho tiempo. Estos zapatos están muy **viejos**.

Acknowledgments

For each of the selections listed below, grateful acknowledgment is made for permission to excerpt and/or reprint original or copyrighted material, as follows:

"*Ciclo de vida de un manzana*," a selection from the book originally published as *Life Cycle of an Apple*, by Angela Royston. Copyright © 1998 by Angela Royston. Translated and reprinted by permission of Reed Educational and Professional Publishing, a division of Heinemann Publishers, Oxford.

"*Comelones*," by Lara Rios from *Algodón de azúcar*, Editorial Costa Rica, 1976. Copyright © 1987 by Farben Grupo Editorial Norma, San Jose, Costa Rica. Reprinted by permission.

El bosque, originally published as *The Forest*, by I. Sanchez. Copyright © 1991 by Barron's Educational Series, Inc. Translated and reprinted by arrangement with Barron's Educational Series, Inc.

Illustrations by Max from *El león y el ratón*, by Maria Eulalia Valeri. Illustrations copyright ©1993 by Francese Capdevilla (Max). Original edition copyright ©1993 by La Galera, S.A. Editorial. Reprinted by permission of La Galera, Societat Anomima Editorial, Barcelona.

"*En movimiento*," a selection from the book originally published as *On the Move*, by Henry Pluckrose. Copyright © 1998 by Franklin Watts. Reprinted by permission of Franklin Watts, a division of Grolier Publishing.

"*En nuestra Tierra tan linda*," from *Diez Deditos/Ten Little Fingers & Other Play Rhymes and Action Songs from Latin America*, by José-Luis Orozco. Copyright © 1997 by José-Luis Orozco. Used by permission of Dutton Children's Books, an imprint of Penguin Putnam Books for Young Readers, a division of Penguin Putnam Inc.

¡Este sapo es mío!, originally published as *That Toad Is Mine!*, by Barbara Shook Hazen, illustrated by Jane Manning. Text copyright © 1998 by Barbara Shook Hazen. Illustrations copyright © 1998 by Jane Manning. Translated and reprinted by permission of HarperCollins Publishers.

Johnny el Manzanero, originally published as *Johnny Appleseed*, by Patricia Demuth. Text copyright © 1996 by Patricia Demuth. Translated and reprinted by permission of Grossett & Dunlap, a division of Penguin Putnam Inc.

Mariposa, originally published as *See How They Grow: Butterfly*, by Mary Ling, photographs by Kim Taylor. Copyright © 1992 by Dorling Kindersley Limited, London. Translated and reprinted by permission of Dorling Kindersley Limited, London.

¡Perdido!, originally published as *Lost!*, by David McPhail. Copyright © 1990 by David McPhail. Translated and reprinted by permission of Little, Brown and Company (Inc.).

Si le das un panqueque a una cerdita, originally published as *If You Give A Pig A Pancake*, by Laura Numeroff, illustrated by Felicia Bond. Text copyright © 1998 by Laura Numeroff. Illustrations copyright © 1998 by Felicia Bond. Translated and reprinted by permission of HarperCollins Publishers.

Selection from "*Yo te presto*," from *Poesías para la infancia*, by Alicia María Uzcanga Lavalle. Text copyright © 1999 by Alicia María Uzcanga Lavalle. Reprinted by permission of Edamex, S.A. de C.V.

Special thanks to the following teachers whose students' compositions appear as Student Writing Models: Cheryl Claxton, Florida; Patricia Kopay, Delaware; Susana Llanes, Michigan; Joan Rubens, Delaware; Nancy Schulten, Kentucky; Linda Wallis, California

Photography

3 (t) StockByte. **8** © 2002 PhotoDisc, Inc.. **12** (icon) StockByte. (bkgd) © 2002 PhotoDisc, Inc. **16** (t) Tom Ianuzzi/Mercury Pictures. **17** (bkgd) © 2002 PhotoDisc, Inc.. **42** AP Photo/Gary Dineen. **45** (l) Stephen Krasemann/Getty Images. (r) Johnny Johnson/Getty Images. **46** Sharron McElmeel. **72** Sipa Press. **73** Rubberball Productions. **74** (b) QA Photos Ltd. **74-5** (t) Scott Barrow/International Stock. **75** (bl) Comstock KLIPS. (bm) (br) © 2002 PhotoDisc, Inc.. **78** (t) Micheal Justice/Mercury Pictures. (b) Andrew Yates/Mercury Pictures. **108** (tl) (tr) (middle row)